1896 — Décembre

VENTE VOLONTAIRE

DU JEUDI 10 DÉCEMBRE 1896

HOTEL DROUOT, SALLE N° 11

A deux heures un quart

BEAUX BIJOUX

BRILLANTS, PERLES & PIERRES DE COULEURS

ARGENTERIE

OBJETS D'ART

ANCIENS TAPIS D'ORIENT

Meubles

TABLEAUX, DESSINS, ESTAMPES

ŒUVRES

de Bac, Courbet, Innocenti, Richter, Vernet

ET PROVENANT

De la Succession de la Princesse Radziwill

DEUX TABLEAUX IMPORTANTS

Par Th. GUDIN et R. VAN HAANEN

Mᵉ E. BOUDIN	**M. A. BLOCHE**
COMMISSAIRE-PRISEUR	EXPERT PRÈS LA COUR D'APPEL
14, rue de la Grange-Batelière, 14	28, rue de Châteaudun, 28

EXPOSITION PUBLIQUE

Le Mercredi 9 Décembre 1896

DE 2 HEURES A 6 HEURES

IMPRIMERIE ARTISTIQUE

———

E. MÉNARD & C"

Bureaux et Ateliers : PARIS — 8, RUE MILTON

CONDITIONS DE LA VENTE

La vente sera faite *expressément* au comptant.

Les acquéreurs payeront en sus des adjudications *cinq pour cent*.

L'exposition mettant le public a même de se rendre compte de l'état des objets, il ne sera admis aucune réclamation une fois l'adjudication prononcée.

Paris. - Imp. E. Ménard & Cie, 8. rue Milton

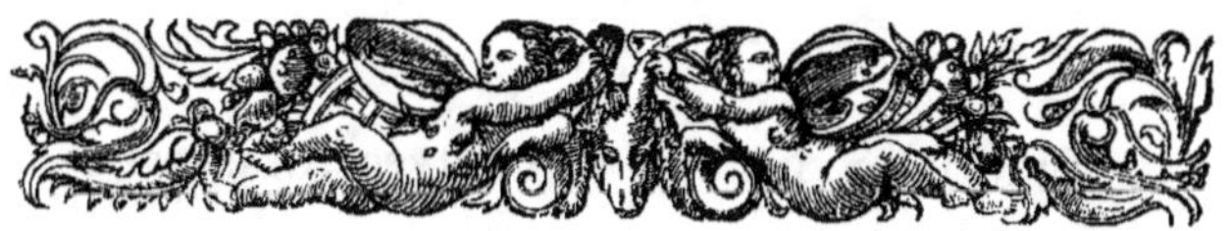

DÉSIGNATION

BIJOUX

1 — Paire de boutons d'oreilles gros brillants solitaires.

2 — Paire de boucles d'oreilles saphirs et diamants forme trèfle.

3 — Broche forme couronne enrichie de diamants et de saphirs.

4 — Bracelet enrichi de diamants.

5 — Collier en or enrichi de turquoises.

6 — Collier composé de quarante-cinq perles fines avec fermoir saphir et brillants.

7 — Bracelet gourmette en or avec rubis cabochon et brillants.

8 — Bracelet deux corps tout en brillants avec cinq beaux saphirs monture platine et or.

9 — Paire de boutons d'oreilles, deux gros brillants solitaires.

10 — Bague à deux corps ornée de cinq brillants et de cinq saphirs.

11 — Broche formant épingle à chapeaux avec brillants blancs et de fantaisie.

12 — Bague enrichie de cinq rubis d'Orient et de roses.

13 — Bague avec émeraude entouré de roses.

14 — Broche avec pierre de fantaisie enrichie de perles fines et de roses.

15 — Bague ornée d'une perle grise et deux brillants anciens.

16 — Deux épingles jumelles en or avec perles fines.

17 — Bague avec rubis brillants blancs et de fantaisie.

18 — Broche ornée d'une miniature avec jargon.

19 — Rivière composée de soixante-deux brillants.

20 — Broche en perles, brillants et pierres de couleur, forme couronne.

21 — Belle montre d'homme en or guilloché, à remontoir et sonnerie avec chiffre H. B.

22 — Épingle de cravate en or avec lettres A. B. toutes en roses.

23 — Bague chevalière en or ornée d'une turquoise.

24 — Bague en or enrichie d'un petit bas-relief en ivoire sculpté sur fond émaillé bleu. Époque Louis XVI.

25 — Paire de boutons de manchettes doubles en or et améthystes.

26 — Médaillon ovale en or.

27 — Bracelet forme chaîne en or.

28 — Bracelet gourmette en or avec applique
représentant les lettres M. B. entrelacées toutes
pavées de roses.

29 — Plat ovale en argent.

3o — Deux salières en argent doré et émaillé.

OBJETS D'ART

3i — Pot en ancien Satzuma, décor à bandes
quadrillées et fleurs en polychrome et or.

32 — Petite potiche en ancienne porcelaine de
Chine famille verte, décor à personnages et
branchages fleuris.

33 — Vase en ancienne porcelaine de Chine
décor à personnages en bleu sur blanc.

34 — Paire de grandes jardinière en bronze du
Japon, décor gravé, anses à mufles de lions.

35 — Grand plat en ancienne porcelaine du
Japon, décor imitant le cloisonné, bordure
dentelée.

36 — Paravent en bois à huit feuilles ornées de plaques en anciennes porcelaine de Chine décor à personnages.

37 — Kakémono japonais.

38 — Cabinet chinois en bois de santal sculpté et ajouré, le haut surmonté de deux petites étagères, panneaux à personnages.

39 — Grand cabinet en vieille laque noire du Japon avec incrustations de burgau.

40 — Déjeuner en vieille laque noire du Japon rehaussé d'or, décor à cachets.

41 — Boîte à écrire en laque du Japon aventurinée d'or, décor à volatiles.

42 — Boîte à écrire en laque du Japon aventurinée d'or, décor à personnages rehaussés d'or.

43 — Trois bols en ancienne porcelaine du Japon, décor à réserve de personnages, animaux et volatiles en rouge et or.

44 — Trois bols en ancienne porcelaine du Japon, décor à rubans quadrillés polychromes et or.

45 — Vase avec couvercle en bronze ancien du Japon, décor gravé.

46 — Grande boîte à double fond en laque du Japon décor à volatiles et paysages.

47 — Coupe en bronze du Japon supportée par un singe.

48 — Deux vases de forme persane en faïence du Japon.

49 — Deux candélabres en bronze ciselé et doré à têtes de béliers. Style Louis XVI.

5o — Lampadaire formée par une figurine d'enfant en bois sculpté.

51 — Statuette en bronze représentant Cendrillon.

52 — Paire de beaux candélabres à six lumières en bronze ciselé parties dorées.

53 — Deux potiches en bronze du Japon.

54 — Petite statuette ancienne en bronze représentant Hercule.

55 — Ange en bronze doré. Ier Empire.

56 — Paire de chandeliers en bronze doré. Style Louis XIV.

57 — Bonbonnière en ivoire ornée d'une miniature.

58 — Fixé représentant Napoléon Ier.

59 — Coffre à bijoux en noyer avec plaques en émail de Limoges : Triomphe de Vénus, Neptune, Cérès et Tritons.

60 — Jardinière en cristal monture bronze.

61 — Garniture de cheminée composée d'une pendule et de deux candélabres.

62 — Encrier en bronze ciselé et doré.

63 — Timbre en métal argenté.

64 — Service à liqueurs composé de quatre carafons et de huit verres.

65 — Lorgnette.

66 — Jeu de croquet.

67 — Plaques de propreté.

68 — Livres divers, brochures, Vie parisienne, etc.

ARMES

69 — Six lances, hallebardes et pertuisanes.

70-71 — Trois fusils du Maroc ornés d'incrustations de nacre et d'ivoire.

72-75 — Quatre panoplies formées de trophées guerriers en bois sculpté.

75 *bis* — Deux faisceaux de licteurs en bois sculpté.

TAPIS D'ORIENT

76 — Deux galeries fond vieil or à petites fleurs, bordure claire, anciennes.

77 — Galerie fond bleu foncé dessin persan, ancienne.

78 — Très joli petit tapis ancien fond jaune.

79 — Très beau petit tapis coloris foncé, ancien.

80 — Petit tapis polychrome foncé, ancien.

81 — Petit tapis ancien fond vert et rouge.

82 — Petit tapis fond blanc dessins grecs ancien.

83 — Petit tapis fond vert ancien.

MEUBLES

84 — Tabouret de piano.

85 — Fauteuil Louis XIV en bois sculpté et doré recouvert de panne rouge, ayant appartenu à Balzac.

86 — Petit fauteuil.

ŒUVRES DE BAC

87 — Bergère Watteau. Aquarelle.

88 — Suissesse. Aquarelle.

89 — Personnages de comédie, deux pendants. Aquarelles.

90 — L'escarpolette. Aquarelle.

91 — Berger et bergères Louis XV. Deux san-
guines.

92 — Trianon. Aquarelle.

93 — La Dubarry. Aquarelle.

94 — Les Patineuses. Aquarelle.

95 — Les Roses. Aquarelles.

96 — Femme à sa toilette. Aquarelle.

97 — Soupeuse. Estampe colorié.

98 — Le Menuet. Estampe coloriée.

99 — L'Etoile du Berger. Sépia.

100 — Joueur de vielle. Avec son pendant. Peinture.

101 — Ravaudeuse. Peinture.

102 — Enfants Louis XIII. Peinture.

103 — Paravent à quatre feuilles ornées de peinture par Bac représentant la Poésie, la Danse,
la Musique et la Comédie.

TABLEAUX

Par divers Artistes.

104 — COURBET. Paysage.

105 — DIAZ (Attribué à). Fleurs.

106 — ÉCOLE FRANÇAISE. Portrait de femme Louis XV en costume de satin et tenant un petit chien.

107 — Portrait de femme Louis XIV en costume de satin rose.

108 — Portrait d'un personnage Louis XV avec armure.

109 — Le Joueur de flûte (copie de Lancret).

110 — Chiens de chasse.

111 — Vieux pont d'Olivet sur le Loiret.

112 — ÉCOLE HOLLANDAISE. Bergère et son troupeau.

113 — ÉCOLE HOLLANDAISE. Marine.

114 — INNOCENTI. Le Porte-étendard.

115 — LANFRANCS (Attribué à). Portrait de
de Saint-Thomas d'Aquin.

116 — LEFÈVRE. Baigneuse.

117 — RICHTER (Léon). Paysage.

118 — SWEBACH (Attribué à). Paysage animé
de soldats. Deux petits pendants.

119 — TÉNIERS (École de). Buveurs devant une
auberge.

120 — VERNET (Joseph). Marine. Effet de lune.

121 — Trois peintures sur porcelaine : Sujets
divers.

122 — Portrait de jeune femme. Pastel.

123 — Fête de village. Aquarelle.

124 — Paysage. Sépia.

125 — Tableaux et objets omis.

TABLEAUX

Provenant

de la succession de la princesse Radziwill

GUDIN (THÉODORE)

125 — *Une soirée à Venise.*

Par une belle soirée pénétrante de poésie, à la clarté de la lune dont les rayons se reflètent sur les eaux, un jeune seigneur appuyé sur une balustrade tient enlacée une patricienne attendant la gondole qui s'avance sur la terrasse d'un riche palais. Près d'eux un lévrier et un petit épagneul.

Dans la perspective on aperçoit la Tour de Saint-Marc et le Palais des Doges.

Tableau célèbre du maître signé et daté de 1845, illustré par la lithographie si connue et qui avait pour pendant une autre composition ayant pour titre « Une nuit à Naples ».

Toile : Haut. 1ᵐ; Larg. 1ᵐ36.

HAANEN (R. Van)

127 — *Paysage, clair de lune.*

La clarté de la lune s'échappant à travers les nuages découpés sur le ciel se réflète sur la rivière qui arrose le milieu du paysage dont l'étendue se perd à l'horizon.

A droite et à gauche un village et diverses habitations dans les arbres.

Signé à gauche et daté 1851.

Toile : Haut. 0^m39 ; Larg. 0^m67.

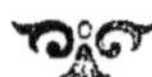

Paris. — Imp. artistique E. Ménard & Cie, 8, rue Milton.